Brot essen

ist keine Kunst,

aber

Brot backen!

Volksmund

Brot backen

leicht und schnell

Carola Ruff

Trotz gewissenhafter Bearbeitung kann eine Haftung für den Inhalt nicht übernommen werden. Für aktuelle Ergänzungen und Anregungen ist der Verlag jederzeit dankbar. Wir bedanken uns bei allen, die uns unterstützt haben.

Impressum

Gerichtsweg 28, 04103 Leipzig
Tel.: 0341 / 493574-0, Fax: 0341 / 493574-40
www.buchverlag-fuer-die-frau.de

Titelfoto: Olaf Rehmert, Fotolia.com
Innenfotos: Carola Ruff
außer Seite 117: MEV Verlag GmbH Augsburg
Einband, Gestaltung und Satz: Michael Puschendorf
Druck: Druckhaus Gera
Bindearbeiten: Müller Buchbinderei GmbH, Leipzig
Printed in Germany

5. Auflage 2023
ISBN 978-3-89798-303-8

Inhalt

Brot – der schnelle Genuss

Die deutschen Bäcker bieten weltweit die größte Auswahl an Brot – über 300 verschiedene Sorten und noch mehr Brötchen-Varianten.

Trotzdem gibt es immer mehr Menschen, die regelmäßig die Ärmel hochkrempeln und ihr Brot – im Backofen oder Backautomaten – selber backen. Richtige Genießer lassen sich sogar vom Brot wecken: sie füllen abends die Zutaten in den Brotback-Automaten und werden morgens von dem verführerischen Duft des wie von Zauberhand gebackenen Brotes geweckt.

Aber was treibt uns an die Backschüssel? Erinnert uns der unvergleichlich gute Duft frischgebackenen Brotes an Großmutters Küche oder Urlaub auf dem Land? Ist es das kreative Wirken und fast meditative Kneten, das mit einem knusprigen Brotlaib belohnt wird oder sind es gesundheitliche Gründe? Große Lebensmittelskandale haben uns die Bäcker bislang erspart, aber ihr Brot enthält inzwischen schon so viele Chemikalien, dass auch dies ein Grund ist, sein Brot lieber selbst zu backen.

Egal was es ist, wenn uns die Lust zum Brotbacken überfällt, soll es auch schnell gehen. Kaum je-

mand hat heute noch Zeit, mehrere Tage einen Sauerteig anzusetzen, dessen Gelingen nicht einmal gesichert ist!
Deshalb bietet dieses Backbüchlein nur Rezepte, nach denen auch Backanfängern Brote ohne große Vorbereitungen gelingen und leicht verdaulich sind. Dabei muss niemand auf Vollkorn oder Sauerteig verzichten! Die Brote wiegen meist ein knappes Pfund, eignen sich daher auch für den Single- oder 2-Personen-Haushalt. Verdoppelt man die Zutaten, reichen die Brote für eine vierköpfige Familie. Viel Spaß beim Backen und guten Appetit beim Genießen!

Häusliche Vorratskammer

Damit die Lust zum Brotbacken nicht an fehlenden Zutaten scheitert, empfiehlt sich ein kleiner Vorrat an Mehl, Backtriebmitteln, Brotgewürzen, Nüssen und Kernen, deren Frische man allerdings regelmäßig kontrollieren sollte.

Mehlsorten:

Weizen Type 405, 550, 812, 1050 und Vollkorn
Dinkel Type 630, 1050 und Vollkorn
Roggen 610, 815, 997 und 1150
Mais- und Hartweizengrieß, Maisstärke oder Kartoffelmehl,

Haferflocken. Probieren Sie auch neue Mehle aus Amaranth, Buchweizen oder Quinoa aus.

Triebmittel:

Backpulver, Garant, Küchennatron, Trockenhefe oder frische Hefe, Backfix und Sauerteig-Extrakt

Brotgewürze:

Kümmel, Anis, Bertramwurzel, Fenchel, Koriander, Schabziger Klee, Zwiebel- oder Speckwürfel, Salz

Salz ist das wichtigste Brotgewürz, egal ob normales Haushalts-, Meer- oder Jodsalz. Es

vergrößert das Volumen des Gebäcks, sorgt für Krustenbräunung und Struktur der Krume. 100 g Brot enthalten etwa 1–2 g Salz.
Schmeckt Ihnen selbst gebackenes Brot anfangs fade, liegt es daran, dass wir den höheren Salzgehalt von gekauftem Brot gewöhnt sind.

Kerne und Nüsse: Leinsamen, Kürbis-, Sesam- und Sonnenblumenkerne, Walnüsse, auch gesalzene Knabbernüsse wie Erdnüsse, Macadamia, Pistazien; für süße Brote Hasel- und Pecannüsse, Mandeln und Pinienkerne

EDEKA
Bio
DINKELMEHL
TYPE 630
Diamant
Hartweizen
Grieß
2er-Pack
ALNATURA
VOLLKORN
WEIZENMEHL
ROGGEN
Brecht
Brotgewürz
30 g
Natürliche Trocken-
Back Hefe
Kathes
Brotbackfix
BIO

Wer kennt die Typen, nennt die Namen?

Die meisten Menschen, die ihr Brot selbst backen wollen, planen als erstes ein herzhaftes Vollkornbrot und dann ein feines, aber nicht pappiges Weißbrot! Selbstgebackenes Brot schmeckt aber nur dann besser und ist gesünder als Fabrikbrot, wenn alle Zutaten wie Mehl, Körner, Kerne, Eier und Butter von bester Bio-Qualität sind.

Um Mehlerzeugnisse zu typisieren gibt es seit 1992 die DIN-Norm 10355. Sie gibt den Mineralstoffgehalt in mg je 100 g Trockenmasse an.

Mehl der Type 405 enthält also 405 mg Mineralstoffe pro 100 g Mehl. Mehl der Type 1050 jedoch schon 1050 mg. Je höher die Typenzahl, desto gröber und naturbelassener ist das Mehl. Es enthält mehr Schalenanteile (Kleie) und damit mehr Vitamine und Mineralstoffe – meist die der B-Gruppe, aber auch Eisen und Calcium. Die dunkleren Mehle lassen sich allerdings schlechter verbacken. Unsere Rezepte bestehen daher aus ausgewogenen Mehlmischungen, die Vitamine und Mineralstoffe enthalten und sich trotzdem gut backen lassen. Vollkornmehl aus Weizen, Dinkel und Roggen hat keine Typenbezeichnung, es wird aus dem ganzen Korn fein gemahlen!

In Deutschland wird fast nur Weichweizen angebaut, in Italien oder Frankreich dagegen Hartweizen (Durum). Dieses Mehl ist bei uns nur über Mühlenläden, die im Internet verkaufen, erhältlich.

Wer also ein knuspriges Brot wie im Urlaub backen will, bestellt im Internet oder mischt als Ersatz zwei Teile Mehl (550) mit einem Teil Hartweizengrieß.

Im Internet oder Reformhaus kann man auch alle nicht so bekannten Mehlsorten wie z.B. das feine Roggenmehl 610 oder Brot-

gewürze wie Bertramwurzel oder Schabziger Klee bestellen. Selbstgebackenes Brot, speziell das aus Vollkornmehl, ist immer flacher als gekauftes Brot. Wen das stört, der muss mehr helle Mehle, etwas mehr Triebmittel einsetzen oder ersetzt 10 % des Mehls durch Weizenkleber, der allerdings nur wirkt, wenn er geknetet wird. Also nur bei Rezepten im BBA verwenden.

Kleine Küchen-Chemie

Kleber oder Gluten heißen die Eiweißstoffe in Gerste, Roggen und allen Weizensorten (Dinkel, Emmer, Einkorn, Grünkern und Kamut). Sie binden mit Hilfe von Feuchtigkeit Stärke im Mehl, bilden ein netzartiges Gerüst, das die von der Hefe abgesonderten Gase im Teig hält. So wird der Teig aufgetrieben und bleibt standfest. Weizenkleber ist als Pulver erhältlich. Es erleichtert das Backen mit Mehl, das wenig oder kein Gluten enthält. Einfach 10 % des Mehls mit Weizenkleber austauschen.

Wer auf Kleber allergisch reagiert (Glutenallergie), muss dagegen auf glutenfreie Mehle umsteigen. Ist die Allergie nicht so stark ausgeprägt, wird oft Brot aus den „alten" Weizensorten Dinkel, Einkorn, Emmer oder Kamut gut vertragen, besonders wenn es mit glutenfreien Mehlen aus Amaranth, Buchweizen, Hirse, Kastanie, Kichererbsen, Linsen, Mais, Reis, Quinoa, Teff etc. gemischt ist.

Hafer ist zwar glutenfrei, kommt aber bei der Verarbeitung oft mit glutenhaltigen Mehlen in Kontakt.

Fein
Grob
Fidibus 21

Backtriebmittel – klein, aber wichtig

Sie haben mengenmäßig den geringsten Anteil am Brot. Doch ohne sie geht gar nichts, der Teig würde flach und hart wie ein Brett werden. Biologische Triebmittel sind Hefe und Sauerteig, chemische Backpulver, Natron, Hirschhornsalz und Pottasche.

Backhefe besteht aus mikroskopisch kleinen Zellen, die sich durch Zucker, Wärme und Feuchtigkeit vermehren. Die Hefezellen verwandeln Zucker in Alkohol und Kohlendioxyd. Der Alkohol verflüchtigt sich beim Backen und das Gas treibt den Teig auf, lockert ihn und gibt dem Brot Stand und Format. Hefe ist frisch als Würfel (42 g) und getrocknet als Pulver (meist 11 g) im Handel. Trockenhefe wird bevorzugt für den Backautomaten verwendet, sie bleibt über ein Jahr wirksam.

Backpulver besteht aus Natron als Triebmittel, Phosphat als Säuerungsmittel und Stärke als Trennmittel. Das Trennmittel braucht man, damit die Triebkraft sich nicht schon in der Tüte entwickelt.

Bei Weinstein-Backpulver säuert Weinsteinsäure, die bei der Herstellung von Wein anfällt. Es ist phosphatfrei, enthält jedoch Kalium.

Ein phosphatfreies Backpulver lässt sich leicht selbst herstellen. Für 250 g Mehl ½ TL Natron und je 1 TL Maisstärke (z.B. Maizena) und Ascorbinsäure (Vitamin C) mischen. Allerdings nicht auf Vorrat mischen, sondern vor jedem Backen neu.

TIPP Essig, Zitronensaft, Vitamin-C-Pulver (Ascorbinsäure), saure Milchprodukte oder Brottrunk erhöhen die Triebkraft aller Triebmittel. Das empfiehlt sich besonders bei Broten, die viele Körner, Nüsse oder Rosinen enthalten. Pro 250 g Mehl 1 EL nehmen. Mit Brottrunk, einem Getränk aus Hafer, Roggen

und Weizen kann man die gesamte Flüssigkeit eines Rezepts ersetzen.
Noch einfacher: auf 250 g Mehl ½ TL Natron zugeben und gegen Ende der Teigzubereitung mindestens 2,5 EL saure Flüssigkeit wie Obstessig, Zitronensaft, Brottrunk, Molke oder Buttermilch unterrühren. Der saure Geschmack verliert sich beim Backen.

Neue Backtriebmittel

Garant besteht zu vier Teilen aus Backpulver und einem Teil aus Trockenhefe. Dies kann man natürlich auch selbst mischen. Außerdem gibt es im Reformhaus

und Internet Backpulver für Allergiker, die gluten-, ei- oder lactosefrei sind und keine Spuren von Nüssen oder Soja enthalten.
Brote, die Roggen enthalten, benötigen außer Hefe ein weiteres Triebmittel – Backferment oder Sauerteig, den es flüssig oder trocken zu kaufen gibt.
Backferment und selbstangesetzter Sauerteig eignen sich nicht für das schnelle Backen. Doch mit Sauerteig-Extrakt lassen sich schnell sehr schmackhafte Brote backen.
Achtung: 100 g-Packungen enthalten Trockensauerteig, 15 g-Packungen jedoch Sauerteig-Ex-

trakt. Beide sind jeweils für 1 kg Mehl gedacht.

„Brotbackfix" enthält Natron und Sauerteigextrakt. Damit kann man ohne Wartezeit Weizen- und Roggenmehl ohne Hefe backen. Auch dies kann man selbst im Verhältnis 50:50 mischen.

Damit Ihr Brot gelingt

Das richtige Handwerkszeug

Nützliche Küchenhelfer sind eine Waage mit Grammeinteilung, ein Holzlöffel mit Loch zum Teigrühren oder ein Mixer mit Knethaken, eine kleine Kastenform (20–23 cm). Praktisch sind auch Kastenformen, die sich von 20 bis auf 35 cm ausziehen lassen.

Mit Backmatten und Back- und Muffinformen aus Silikon, Dauerbackfolie und Backpapier spart man nicht nur das Einfetten, das Brot bleibt auch nicht hängen oder zerbricht beim Herausnehmen. Das ist besonders wichtig,

wenn man Brot während des Backens aus der Form nehmen will, damit es rundherum knusprig wird.
In Silikonformen dehnt sich das Brot in alle Richtungen aus. Das ergibt oft witzig geformte Laibe.

Wichtig für den Backerfolg

Mehl und alle anderen Zutaten sind Naturprodukte. Ihre Eigenschaften hängen daher von vielen Faktoren während des Wachsens (Boden, Sonne, Regen etc.) und Lagerns (Zeit, Umgebung, Trockenheit etc.) ab. Beim Mischen der Zutaten daher die Flüssigkeit nicht auf einmal, sondern nach und nach zugeben, bis die gewünschte Konsistenz erreicht ist. Außer wenn der Teig laut Rezept klebrig sein darf, ist jeder Teig erst backbereit, wenn er nicht mehr klebt, sondern sich leicht von Händen, Schüssel oder Knethaken löst.

Arbeitsraum und -platte, alle Backzutaten und -geräte sollten zwischen 18 und 23 °C warm sein (Zimmertemperatur).

Garprobe: Brot und Brötchen sind gar und fertig gebacken, wenn man mit einer Stricknadel oder einem Hölzchen in die Mitte sticht und beim Herausziehen kein Teig mehr an Nadel oder Holz klebt. Man kann das Brot auch aus der Form nehmen und mit dem Finger auf die Unterseite klopfen. Klingt das Brot hohl, ist es ausgebacken und fertig! Ansonsten weiter backen und im Abstand von 5 Minuten weiter prüfen. (Achtung heiß! Topflappen benutzen.)

ACHTUNG! Um Platz für möglichst viele verschiedene Rezepte zu schaffen, wurden die Rezepte nach der Art des Backtriebmittels sortiert und dafür jeweils ein Grundrezept aufgeführt, an dem sich die anderen Rezepte orientieren. Da grundsätzlich alle Backformen oder Backbleche, sofern sie nicht aus Silikon, Backpapier oder -folie bestehen,

gefettet werden müssen, wird das Einfetten bei den Rezepten nicht mehr extra erwähnt.
Wer über 900 m ü.M. wohnt oder sehr weiches Wasser hat, nimmt ¼ weniger Hefe.
Die genannten Backzeiten gelten für Umluftherde (Heißluft). Bei Ober-Unterhitze immer 20°C dazurechnen. Bei Gasherden Gebrauchsanweisung beachten. Ein Backthermometer verhindert Back-Pleiten, da ältere Herde oft nicht die Temperatur erreichen, die sie anzeigen!

Der Klassiker: Hefebrot und -brötchen aus dem Backofen

Grundrezept

Bisher war Hefeteig immer mit stundenlangem „Gehen“ verknüpft. Doch es geht auch anders. Der Trick besteht darin, die Hefe mit Honig oder Zucker und Salz flüssig zu rühren. Dann ¾ der Flüssigkeit zugeben, das Mehl löffelweise unterkneten. Gewürze und weitere Zutaten zugeben. Alles zu einem glatten, geschmeidigen Teig verkneten. Wenn nötig, restliche Flüssigkeit zugeben. 30 Minuten gehen lassen. Inzwischen 1 l Wasser aufkochen, in einer feuerfesten Schale auf den Boden des kalten Backofens stellen. Das Brot in den Ofen schieben und bei 180–200 °C backen.

Schnelle Brötchen

Für 8–12 Brötchen:
½ Würfel Hefe, 2 TL Honig, 2 TL Salz, etwa 300 ml Wasser, 500 g Mehl 405 oder 550

Nach Grundrezept zubereiten und gehen lassen. Brötchen formen, nach Wunsch verzieren und mit Kernen, Milch oder Butter bestreichen. 25–30 Minuten bei 180 °C backen.

Schnelles Zwiebelbrot

1 Pck. Trockenhefe,
je 1 TL Salz und Zucker,
250 g Mehl 550,
100 g Röstzwiebeln,
250 ml Buttermilch,
1 Msp. Kurkumapulver

Alles miteinander verkneten, in einer Form oder als Kugel bei 200 °C etwa 40 Minuten backen. Als Brötchen oder Stangen nur 25 Minuten.

Zitronenbrot

2 TL Trockenhefe, je 1 TL Salz und Honig, 175 ml Buttermilch, 50 ml Zitronensaft, 1 EL weiche Butter, je 125 g Dinkelmehl 630 und Mehl 405,
1 EL Mohn für den Teig,
2 EL Mohn zum Bestreuen

Hefe mit Honig und Salz glatt rühren, mit den restlichen Zutaten verkneten und einen runden Laib formen, mit Mohn bestreuen. Dann in den kalten Backofen schieben und bei 180 °C eine Stunde backen.

Hanfbrot

2 Pck. Trockenhefe, 2 TL Honig, 1 TL Salz, 200 ml Buttermilch, 125 g Hanfsamen, 75 g gekochte Dinkelkörner, je 1 TL Kreuzkümmel und Koriander, alles zusammen fein gemahlen, 250 g Mehl 450, 25 g Weizenkleber

Nach Grundrezept zubereiten. Bei 180 °C eine Stunde backen.

TIPP Hanfsamen aus dem Reformhaus enthalten keine berauschenden Wirkstoffe, dafür Ballaststoffe, viele Vitamine, Mineralstoffe und lebensnotwendige Aminosäuren.

Gefüllte Nussbrote

(Rezept zum Foto S.2)

TEIG:

250 ml Milch, 1 TL Salz,
je 250 g Mehl 405 und 550,
2 EL Weizenkleber,
2 Pck. Trockenhefe, 2 EL Honig

HERZHAFTE FÜLLUNG:

1 Zwiebel, fein gehackt und in
3 EL Butter gedämpft, Salz,
Pfeffer, 100 g Kräuterquark,
1 Handvoll Kräuter der Saison
(Basilikum, Petersilie, Salbei,
Schnittlauch etc.),
50 g Nüsse, alles grob gehackt

SÜSSE FÜLLUNG:
100 g Schokolade, grob gehackt, 100 g Magerquark, 100 g Mandeln oder Haselnüsse, gemahlen, 1 EL Zucker

Teig nach Grundrezept zubereiten. Inzwischen die Füllungszutaten vermengen und nach Geschmack würzen oder süßen.
Teig vierteln und in gleich große Platten schneiden. Auf jeweils eine Platte die Füllung streichen und mit einer zweiten bedecken, aufrollen. Die zwei Brote nacheinander bei 180 °C 20 bis 30 Minuten backen. Auf einem Rost abkühlen lassen. Vor dem Anschneiden etwas setzen lassen.

Kascha-Brot

je 1 TL Salz und Honig,
1 Würfel Hefe, 150 g Joghurt,
80 g Buchweizen, gekocht
und gut abgetropft, 1 EL Essig,
200 g Mehl 550,
je 1 EL gehackte Petersilie,
Sonnenblumenkerne,
Buchweizenflocken

Nach Grundrezept zubereiten und gehen lassen. Den etwas klebrigen Teig in einer Form bei 200 °C etwa 40 Minuten und ohne Form noch 15 bis 20 Minuten backen.

Hefebrote aus dem Backautomaten

Eigentlich arbeitet der Brotbackautomat (BBA) nicht schnell. Zwei – drei Stunden braucht er für die meisten Brote. Aber da man sich nach dem Einfüllen der Zutaten um nichts mehr kümmern muss, sogar das Haus verlassen kann, ist er nicht nur bei Hefeteigen eine Erleichterung. Um ein neues Gerät kennen zu lernen, zuerst alle Brote der Gebrauchsanweisung backen. Danach kann man sich auch an andere Rezepte wagen. Auch Rezepte mit Backpulver, Garant, Hefe-Backpulver-Mix und Sauerteig-Natron-Mix eignen sich für den Brotbackautomaten. Je nach Gerät Backpulver-, Basic-, Grund- oder Normal-Programm wählen. Zuerst feuchte, dann trockene Zutaten einfüllen, dann Laibgröße und Bräunungsgrad einstellen.

Der Brotbackautomat ist überdies für Brote, die im Backofen gebacken werden sollen, eine gute „Knetmaschine". Fertigen Teig rechtzeitig entnehmen. Und Energiesparer backen auch von Hand gerührte Teige (ohne Knethaken) darin. Entsprechendes Programm (Backpulver oder Hefe), Bräunungsgrad und Laibgröße wählen.

1 basic
2 französisches
3 vollkorn
4 süß
5 glutenfrei

Grundrezept

Grundsätzlich gilt: Zuerst feuchte Zutaten einfüllen (Wasser, Öl, Milch, flüssige Butter), dann die trockenen wie Mehl, Milchpulver (statt Milch), Salz, Zucker, Trockenhefe. Achtung: Zucker und Trockenhefe müssen beisammen im Mehl liegen, Salz in einer anderen Ecke. Dann Backprogramm, Bräunungsgrad und Größe des Brotes (Gewicht der Zutaten addieren) einstellen. Zuletzt oder nach Aufforderung durch ein akustisches Signal (Piepton) Kerne, Nüsse, Rosinen etc. zugeben. Nach dem Backen vorsichtig auf einen Rost stürzen und abkühlen lassen. Wen das Loch am Boden des Brotes stört, das der oder die Knethaken verursachen, kann sie mit einem Haken oder bemehlten Fingern nach dem letzten Gehen aus dem Teig herausholen. Während des Geh- und Backvorgangs das Gerät weder öffnen noch stoßen.

Milch-Weißbrot

425 ml Milch, warm, 1 EL Öl, 600 g Mehl 405 oder 550, 2 EL Joghurt, 1 TL Salz, 5 TL Zucker, 4 TL Trockenhefe

PROGRAMM: Schnell oder Weißbrot

Kleines italienisches Weißbrot

250 ml Wasser, je ½ TL Meersalz und Zucker, 1 TL Olivenöl, 325 g Mehl 405, 75 g Mais- oder Hartweizengrieß, ½ Pck. Trockenhefe

PROGRAMM: Schnell oder Weißbrot

Hefebrot oder -zopf

125 ml Milch, 2 Eier,
100 g weiche Butter,
500 g Mehl 550,
1 Pck. Trockenhefe, ½ TL Salz,
75 g Zucker und Rosinen
GLASUR:
1½ EL Butter, 50 g Puderzucker,
1 EL Zitronensaft

PROGRAMM: Hefekuchen oder Schnell. Das noch warme Brot mit der Glasur bestreichen.
Variante: Teig nach dem letzten Gehen entnehmen. Drei Teigstränge zum Zopf formen. Bei 180 °C etwa 30 Minuten backen. Für die Glasur jetzt die Mengen verdoppeln.

Mohn-Käsebrot

175 ml Wasser, 1 EL Butter,
1 TL Salz, 50 g Mohn,
1 Prise Muskat, 250 g Mehl 550,
40 g Maisgrieß,
½ Pck. Trockenhefe, 1 TL Zucker,
erst beim Piepton einfüllen:
100 g Ziegenkäsewürfel

PROGRAMM: Weißbrot

TIPP Für eine knusprige Oberfläche, Gerät kurz vor dem Backen öffnen, Teig mit etwas Wasser bestreichen, mit Mohn (oder anderen Kernen oder Kleie) bestreuen und leicht festklopfen.

Variante: 100 g Parmesan, grob gerieben und 1 EL Crème fraîche zugeben.

Knackiges Tellabrot

je 125 ml Schmand und Wasser, 100 g Nougatcreme, 450 g Mehl 630, 1 EL Weizenkleber, 1 Pck. Trockenhefe, je 1 TL Salz und Kakao, 50–100 g Zucker je nach Geschmack, 100 g ganze Haselnüsse oder halbierte Walnüsse

PROGRAMM: Basis oder Normal, beim Piepton die Nüsse zufügen. Variante: Heimliches Schoko-Brot: Schmand, Nougatcreme und Kakao durch süße Sahne, je 100 g weiße Schokolade und Mandelblättchen ersetzen.

Feines Zucchinibrot

25 ml Buttermilch,
1 EL Olivenöl, 325 g Mehl 550,
2 TL Weizenkleber, 1 TL Salz,
½ Pck. Trockenhefe, 1 TL Zucker,
200 g Zucchini, fein geraspelt,
inkl. Kerne

PROGRAMM: Basis oder Normal
Nach dem ersten Gehen prüfen, ob die Zucchini zu saftig sind, dann etwas mehr Mehl zugeben. Ist der Teig zu fest, bzw. hat sich noch nicht gebunden, etwas mehr Flüssigkeit zugeben, bis sich der Teig zu einem Kloß formt.

Zwiebel-Kartoffel-Brot

350 ml lauwarmes Wasser,
1 Pck. Trockenhefe, 1 TL Zucker,
¼ TL grob gemahlener Pfeffer,
400 g Mehl 1050,
100 g Haferflocken,
30 g Kartoffelpüreeflocken,
2 TL Salz, 100 g Röstzwiebeln
(Fertigprodukt),
evtl. 1 Handvoll Schinken-
oder Speckwürfel

PROGRAMM: Basis oder Normal

Brote mit Backpulver

Grundrezept

Mehl(e), Backpulver oder Natron, Zucker und Salz vermischen, mit Flüssigkeit und restlichen Zutaten (Ei(er), Fett, Kerne oder Nüsse) kräftig verrühren, *nur ganz kurz kneten!* Teig in eine sehr gut gefettete Form füllen. Mit einer scharfen Klinge ein bis drei 1 cm tiefe Schnitte in die Teigoberfläche schneiden. In den kalten Backofen schieben und meist bei 180 °C 30 bis 45 Minuten, aus der Form nehmen und in 10 bis 20 Minuten fertig backen. Unbedingt Garprobe machen.

Englische Scones

500 g Mehl 405, 1 EL Zucker,
1 Pck. Backpulver, 1 TL Salz,
125 g weiche Butter,
2 Eier, 250 g Joghurt
Zum Bestreichen:
1 Eigelb, 1 EL Dosenmilch

Die ersten 5 Zutaten zu einem krümeligen Teig verkneten. Eier und Joghurt verrühren, in den Teig kneten. Taler von 4 cm Höhe und 6 cm Durchmesser formen, auf zwei Bleche legen. Eigelb mit Milch verquirlen, die Scones damit bestreichen. Bei 180 °C etwa 15 Minuten backen. Abgekühlt zu Erdbeer-Konfitüre und Schlagsahne servieren.

Schnelles Frühstücksbrot

je 250 g Mehl 405 und 550,
1 Pck. Backpulver,
½ l Buttermilch, 1 TL Salz

Nach Grundrezept zubereiten und 30 Minuten bei 180 °C backen. Aus der Form nehmen und in 10–20 Minuten fertig backen.

Frühstücksbrötchen

Für 8–12 Brötchen:
150–200 g Magerquark,
je 6 EL Milch und Öl,
200 g Mehl 405, 100 g Mehl 1050,
1 Pck. Backpulver, 1 TL Salz,
je 1 EL Kerne und Kümmel

Ofen auf 180 °C vorheizen. Hälfte des Quarks mit Milch und Öl verrühren. Restliche Zutaten in den Quark rühren. Ist der Teig noch bröselig, so viel Quark zugeben, bis er geschmeidig und glatt ist. Brötchen formen. 20 bis 25 Minuten backen.
Variante: Statt Kümmel und Kerne zusätzlich je 1 EL Zucker, Rosinen und gehackte Mandeln in den Teig geben.

Vollkornbrötchen

je 125 g Magerquark und Mehl 1050, 1 Ei, je ½ TL Salz und Malz, ½ Pck. Backpulver, 1 EL Kartoffelmehl, Körner und Flocken zum Bestreuen

Quark mit Ei verrühren, restliche Zutaten mischen, in den Quark rühren. Evtl. etwas mehr Mehl nehmen. Aus dem Teig Brötchen formen, in Kernen und Flocken wälzen. In einer 12er Muffin- oder Brötchenform bei 190 °C 20 Minuten backen.
Variante: Statt in Körnern und Flocken Teigbällchen in 1 TL Zucker und Haselnusskrokant wälzen.

Falscher Hefezopf

je 50 g Zucker und Butter, 275 g Quark, 500 g Mehl 405, 2 Pck. Backpulver, ½ TL Salz, ⅛ l Milch

Zucker, Butter und Quark verrühren, dann restliche Zutaten zufügen. Zu einem glatten Teig verkneten, länglichen oder runden Laib formen oder drei gleichlange Stränge zu einem Zopf flechten. Im vorgeheizten Ofen 45 bis 60 Minuten bei 150 °C backen.

Buchweizenbrot

je 250 g Buchweizen- und Weizenmehl 405, 6 TL Backpulver, 2 TL Salz, je 250 g weiche Butter und Magerquark, 6 Eier

Nach Grundrezept zubereiten und backen. Das fertige Brot mit kaltem Wasser bestreichen, im ausgeschalteten Ofen 10 Minuten stehen lassen. In der Form abkühlen lassen.

TIPP Dieses würzige Brot eignet sich gut als Beilage zu saucenreichen Gerichten, Suppen oder Salaten.

Würziges Karottenbrot

100 g Roggenmehl 815,
80 g Mehl 405, 100 g Zucker,
je 1 TL Salz, Zimt und Muskat,
2 TL Backpulver;
200 g Karotten, grob gerieben,
50 g Butter, 2 Eier,
100 g Walnüsse, grob gehackt;
1 Eigelb, mit etwas Wasser verrührt

Jeweils trockene und feuchte Zutaten mischen, dann zusammenrühren und in eine Kastenform füllen, mit Eigelb bestreichen und 40 bis 45 Minuten bei 180 °C backen.

Pestobrot

200 g Mehl 550, 175 g Hartweizengrieß, 2 TL Backpulver, 1 TL Meersalz, 75 g Oliven, 1 EL frisches Basilikum, beides fein gehackt, 2 Eier, 5 EL Pesto, etwa 175 ml Vollmilch

Nach Grundrezept zubereiten. Auf Backpapier zu einem 20 cm runden Fladen formen, wie eine Pizza an-, aber nicht ganz durchschneiden und bei 180 °C etwa 45 Minuten backen. Lauwarm zu Tomatensuppe, Salat oder zum Wein oder Aperitif servieren.

Kirsch-Nuss-Brot

*200 g Mehl 405, 1 Msp. Salz,
1 ½ TL Backpulver, 75 g Zucker,
100 g getrocknete Kirschen,
50 g Haselnüsse, ganz,
60 g weiche Butter, 2 Eier,
75 ml Buttermilch*

Trockene Zutaten und feuchte Zutaten getrennt mischen, dann alles zusammen rühren. Evtl. etwas mehr Milch zugeben, der Teig sollte weich sein. In sehr gut gefettete Tassen, hübsche Becher oder eine kleine Kastenform füllen und bei 180 °C etwa 15–30 Minuten (je nach Größe der Gefäße) backen.

Brote mit Natron (Soda)

Brote mit Natron als Triebmittel werden wie im Grundrezept für Backpulverbrote (siehe S. 59) zubereitet.

Irisches Bauernweißbrot

je 250 g Mehl 405 und Vollkornmehl, je 1 TL Salz und Natron, 2 EL weiche Butter, 300 ml Buttermilch

Nach Grundrezept backen. Aus dem Teig lassen sich auch Brötchen backen, dann nur 25 Minuten backen.

Wildkräuterbrot

2 TL Natron, 100 ml Wasser, 2 TL Salz, 200 ml Joghurt, 4 EL Apfelessig, 100 g Weizenmehl 1050, 350 g Dinkelmehl 630, 250 g Wildkräuter nach Geschmack wie z.B. Sauerampfer, Löwenzahn, Giersch, ersatzweise Basilikum oder Rucola, 1 Handvoll Kürbiskerne

Nach Grundrezept zubereiten. Den klebrigen Teig auf Backpapier zu einem etwa 7 cm hohen Kreis formen. Kreuz einschneiden, leicht mit Mehl bestäubt bei 180 °C 30 Minuten backen. Um-

drehen. Weitere 15 bis 30 Minuten backen, alle 5 Minuten Garprobe machen.

Variationswunder: Mit diesem Rezept kann man mit jeder Weizenmehl-Type und -Mischungen mit nicht mehr als 10 % Vollkornmehl-Anteil sowie statt Joghurt mit jeder säuerlichen Milch wie Buttermilch, Kefir, Molke oder Brottrunk und allen Nüssen/Kernen aromatische Brote backen.

Bierbrot

175 g Weizenvollkornmehl, 50 g Mehl 405, je 1 TL Backpulver, Natron, Meersalz und Honig, 185 ml Bier, 1 EL Butter zum Bestreichen

Backofen auf 180 °C vorheizen. Erst trockene Zutaten mischen, dann Honig mit etwas Bier glatt rühren. Mit restlichem Bier in den Mehlmix gießen, zügig rühren und nicht kneten, damit die Kohlensäure nicht entweicht! In eine Kastenform streichen. 30 Minuten bei 220 °C und ohne Form noch 5 bis 10 Minuten backen.

Amerikanisches Maisbrot

je 150 g Mehl (405) und Maismehl, 1 TL Salz,
2 TL Backpulver, ½ TL Natron,
1 EL Zucker, 2 Eier,
150 ml Crème fraîche,
150 ml Milch,
1 EL grober schwarzer Pfeffer

Nach Grundrezept zubereiten und backen.

Apfelmus-Brot

125 g Apfelmus, je 1 EL weiche Butter und Milch, 1 Ei, ca. 150 g Mehl 405, ca. 100 g Zucker, 1 TL Natron, je ½ TL Salz und Backpulver, je 1 Prise Zimt und Muskat, 50 g Soft-Aprikosen

BBA-PROGRAMM: Weißbrot. Klein geschnittene Aprikosen beim Piepton zugeben. Da jedes Apfelmus anders ist, prüfen ob der Teig zu weich ist, dann soviel Mehl zugeben, bis sich der Teig zu einem Kloß formt. Ist der Teig aber bröselig, noch mehr Apfelmus zugeben.

American Buns

je 125 g Mehl 405 und 550, je 1 TL Backpulver, Natron und Meersalz, 1 Msp. Zucker, 50 g kalte Butter, ca. 300 ml Joghurt, 1 EL zerlassene Butter

Nach Grundrezept zubereiten. Im Abstand von 3 cm kleine Teigkugeln auf Backpapier setzen, mit Butter bestreichen und etwas Mehl bestäuben. Bei 225 °C 15 Minuten backen. Nach dem Abkühlen die etwas zusammen gebackenen Brötchen trennen und zu Suppe, Salat oder mit Quark oder Kräuterbutter als Vorspeise servieren.

Früchtebrot

je 150 g getrocknete Aprikosen und Pflaumen, je 75 g Butter, Rohrzucker und gemahlene Mandeln, 1 Ei, je 1 Msp. Zimt, Muskat und Kardamom, 175 g Mehl 405, ½ Pck. Backpulver, 1 Msp. Natron, 1 TL Essig

Kleingeschnittenes Trockenobst mit 175 ml kochendem Wasser übergießen, Butter, Zucker und Mandeln zugeben. Ist die Butter weich, Ei und Gewürze zugeben. Mehl mit restlichen Zutaten vermischt unterrühren, zuletzt den Essig zugeben.

In eine Form streichen und im vorgeheizten Ofen bei 180 °C 30 Minuten backen. Oberseite mit Alufolie abdecken, noch 15–20 Minuten backen.
Variante: 300 g Datteln oder getrocknete Kirschen.

Bananenbrot

3 überreife Bananen, gut zerdrückt, 50 g Kokosnussraspeln, 125 ml Milch, 100 g Zucker, 400 g Mehl 405, 2 TL Backpulver, 1 TL Natron, 1 TL Apfelessig

Feuchte und trockene Zutaten getrennt mischen, dann alles zusammen rühren. In einer kleinen Kastenform bei 150 °C etwa 50 Minuten backen. Unbedingt Garprobe machen.
Variante: 50 g Walnüsse oder andere Nüsse, grob gehackt, zugeben.

Brot-Muffins

Grundrezept

Nach Rezept trockene Zutaten wie Mehl, Backpulver, Natron, Salz, Körner, Käse, Kräuter und Gewürze mischen. Dann feuchte Zutaten wie Ei, Öl und Buttermilch mischen. Trockene Zutaten in die feuchten rühren. Muffin-, Papierformen, Tassen, Blumentöpfchen oder andere backfeste und gut gefettete Formen halbvoll füllen. Zutaten ergeben ca. 12 Muffins. Im vorgeheizten Backofen bei 180 °C 20–25 Minuten backen. Größere Brötchen brauchen einige Minuten länger. Garprobe machen.

Käse-Zwiebel-Muffins

je 1 Tasse Buttermilch, Röstzwiebeln, Emmentaler, gerieben und klein gehackte Petersilie,
je 100 g Mehl 550 und Vollkorn,
1 EL Hartweizengrieß,
½ Pck. Backpulver,
je 1 TL Salz und Natron

Nach Muffin-Grundrezept zubereiten. Ist der Teig etwas bröselig, etwas mehr Buttermilch zugeben und bei 160 °C 20 Minuten backen. Aus dem Teig lassen sich auch Baguettebrötchen formen. Ein paar Minuten länger backen.

Käse-Brötchen

250 ml Vollmilch,
125 g Mehl 405, je 1 EL Weizenkeime und -kleie, 4 kleine Eier,
1 EL weiche Butter,
12 Scheiben Ziegenkäse (Rolle)

In diesem Rezept sind Eier das Triebmittel! Alle Zutaten, außer dem Käse, zu einem weichen Teig verrühren. Muffin- oder Minibackformen halbvoll gießen. Jeweils eine Käsescheibe in den Teig drücken und bei 225 °C 25 Minuten backen. Ofen nicht öffnen, sonst fallen die Brötchen zusammen. Bei 180 °C weitere 15 Minuten backen. Lauwarm zu Salat oder Suppe servieren.

Pizza-Muffins

250 g Mehl 505, 2 TL Backpulver, je ½ TL Natron und Salz, 1 EL Zwiebelwürfelchen, ½ TL Oregano, fein gehackt, 125 g Mozarella, gewürfelt, 50 g Parmesan, gerieben, 1 Ei, 60 ml Olivenöl, 180 ml Buttermilch, 100 ml Tomatensauce, 125 g Salami, feingewürfelt

Nach Grundrezept zubereiten und im vorgeheizten Backofen bei 180 °C 20 bis 25 Minuten backen. Noch warm zu Salaten oder Suppen servieren.

Zwiebel-Speck-Muffins

2 Zwiebeln, 150 g Speck, beides gewürfelt, 2 EL Butter, 2 Eier, 250 ml Buttermilch, 250 g Mehl 550, 3 TL Backpulver, je 1 TL Zucker und Salz, 1 EL gehackte Petersilie oder andere Kräuter

Zwiebeln und Speck in Butter anbraten. Leicht abgekühlt mit Eiern und Buttermilch verrühren. Restliche Zutaten vermengen und löffelweise in die Zwiebelmilch rühren. Kurz verkneten. In Muffin- oder Brötchenform füllen und bei 180 °C 20 bis 30 Minuten backen.

Nuss-Muffins

je 50 g Weizenkeime und -kleie in 250 g griech. Sahnejoghurt und 125 ml Vollmilch eingerührt, 2 kleine Eier, verquirlt, 4 EL Rübenkraut, Ahornsirup, Apfeldicksaft oder Honig, 125 g Mehl 550, 1 TL Backpulver, 1 TL Natron, 1 Prise Meersalz, 100 g Paranüsse, grob gehackt, 1 EL Krümelkandis oder Zimt-Zucker zum Bestreuen vor dem Backen

Nach Grundrezept zubereiten und backen.

Variante: Schmeckt auch ohne oder mit anderen Nüssen.

Brote mit Garant

Grundrezept

Der Teig wird wie für Backpulver- oder Natron-Brot zubereitet. Aber im *Unterschied* dazu muss der Teig etwa 5 Minuten kräftig geknetet werden und 15 Minuten im Warmen gehen, dann wird das Brot in den nur leicht vorgeheizten Ofen geschoben und meist bei 200 °C etwa 40 Minuten gebacken.

TIPP Statt Garant können Sie eine eigene Mischung aus Trockenhefe und Backpulver verwenden.

Toskana-Brot

je 100 g Walnüsse, Feta-Käse und Oliven, alles grob gehackt, 100 ml Crème fraîche, 2 EL Pesto, 5 EL Olivenöl, 1 Eiweiß, 375 g Mehl 550, 1 Pck. Garant, 1 Eigelb zum Bestreichen

Nach Grundrezept für Garant-Teig verarbeiten, gehen lassen, mit verquirltem Eigelb bestrichen 40 bis 50 Minuten in einer Kastenform bei 160 °C backen. Garprobe machen. Auf einem Gitter abkühlen lassen. Leckeres Partybrot, schmeckt auch ohne Belag, besonders gut zu Tomatensuppe oder -salat.

Leichtes Körnerbrot

1 Beutel Ebli (Weichweizen), je 100 g Sonnenblumen- und Sesamkerne, je 100 g Mehl 550 und 630, 50 g Weizenvollkornmehl, 2 TL Backpulver, 1 Pck. Trockenhefe, 1 TL Honig, 2 EL Öl, 1 EL Apfelessig

Ebli oder ähnliches Produkt (z.B. Weizenkörnli) nach Anleitung kochen. Trockene Zutaten mischen, 250 ml lauwarmes Wasser mit abgetropften Körnern und restlichen Zutaten verrühren. Mit Mehlmix und Kernen kräftig mischen und gut kneten. In einer Form gehen lassen. Bei

180 °C 25 Minuten, weitere 10 Minuten ohne Form backen. Garprobe. Im Ofen abkühlen lassen.

TIPP Ebli kann mit 65 g Weizenkörnern ersetzt werden (über Nacht einweichen, dann garen).

Knackiges Dinkelbrot

50 g „Dinkel wie Reis",
100 g Kürbiskerne,
je 125 g Mehl 550 und 630,
2 TL Backpulver,
1 Pck. Trockenhefe,
1 TL Rübenkraut

Wie leichtes Körner (Ebli)-Brot (S. 96) zubereiten.

Camembert-Brot

je 125 g Mehl 550 und 630,
1 EL Kartoffelmehl,
1 kleine Paprikaschote,
5 Bärlauchblätter oder 1 Bund Schnittlauch, alles feingehackt,
¾ Pck. Garant,
je 1 TL Zucker und Salz,
100 g reifer Rot- oder Blauschimmel- Camembert,
150 g Joghurt,150 g Hüttenkäse

Nach Grundrezept für Garant-Teig zubereiten. Bei 200 °C ca. 45 Minuten, ohne Form weitere 15 bis 20 Minuten backen. Im ausgeschalteten Backofen abkühlen lassen. Schmeckt gut zu Salat oder einer leichten Suppe.

Kartoffelbrot, glutenfrei

175 g Kartoffelmehl,
40 g Maisgrieß,
25 g Amaranthmehl,
2 Pck. Garant,
je 1 TL Zucker und Salz,
75 g Kerne nach Belieben,
250 g gekochte Kartoffeln, fein zerdrückt,
ca. 150–200 ml Buttermilch,
1 Zwiebel, gewürfelt und in 1 EL Öl angebraten, abgekühlt

Trockene Zutaten und Kartoffeln mit restlichen Zutaten getrennt mischen, dann alles verkneten und weiter wie Grundrezept. Nicht glutenfreie Variante: Kartoffelmehl mit Mehl 550 ersetzen.

Ingwerbrot in der Partyform

je 125 g Mehl 550 und 630,
1 EL Kartoffelmehl oder Stärke,
½ Pck. Garant,
75 g Haselnusskrokant,
je 25 g kandierter Ingwer und Mandeln, beides fein gehackt,
je 50 g Zucker und Schmand,
ca. 100 ml Buttermilch

Trockene und feuchte Zutaten getrennt mischen, dann alles zusammenrühren. Soviel Buttermilch nehmen, dass ein weicher Teig entsteht. Die gut gefettete Form nur zur Hälfte füllen. Bei 190 °C 30 Minuten backen. In Scheiben servieren.

Süßes Brot mit Kokosmehl

je 100 g Mehl 405 oder 550, Weizenkeime und Kokosmehl, ½ Pck. Trockenhefe, 2 EL Rohrzucker, 2 Eigelb, 2 Eiweiß mit 1 TL Salz steif geschlagen, 1 TL Backpulver, 2 EL Butter, 125 g Frischkäse, 50 g Rosinen oder Soft-Aprikosen, zerkleinert

Nach Grundrezept für Garantbrot zubereiten und bei 190 °C etwa 40 Minuten oder im BBA im Basic- oder Backpulverprogramm backen.

Schnell gebacken mit Brotbackfix

Grundrezept

Teig wie beim Brotbacken mit Backpulver-Teig zubereiten.
Kleiner Unterschied: Teig kurz, aber kräftig kneten und 30 Minuten im Warmen gehen lassen, 30 Minuten bei 180 °C und weitere 25 Minuten bei 200 °C backen. Garprobe! Bei Verwendung von Vollkornmehlen evtl. 10–15 Minuten länger backen.
Statt Brotbackfix kann man auch eine eigene Mischung aus Natron und Sauerteig-Extrakt als Triebmittel verwenden.

Vollkorn-Kümmel-Brot

je 250 g Roggenmehl 610 oder 815 und Weizenvollkornmehl, 15 g Sauerteig-Extrakt, 2 Pck. Trockenhefe, 2 EL Kümmel, 1 EL Meersalz, ca. 350 ml lauwarmes Wasser

Nach Grundrezept zubereiten. In einer Form erst bei 220 °C 10 Minuten, dann bei 180 °C 30 Minuten und ohne Form 25 Minuten backen. Beim Backen eine Schale mit kochendem Wasser auf den Backofen-Boden stellen.

Sonnenblumenkernbrot

25 g Sauerteig-Extrakt,
10 g Natron, 2 TL Meersalz,
1 EL Apfelessig,
je 100 g Roggenmehl 1370 und Weizenmehl 1050,
250 g Weizenmehl 405,
300 ml lauwarme Buttermilch,
100 g Sauerrahm,
100 g Sonnenblumenkerne

Nach Grundrezept zubereiten und in einer Form bei 180 °C 30 Minuten, bei 220 °C 10 Minuten backen, aus der Form nehmen und bei 200 °C noch 15 Minuten backen. Garprobe.

Dreier-Roggen-Brot

je 100 g Roggenmehl 610, 812 und 997, 1 Pck. Brotbackfix, 1 EL Essig, 1 EL Salz, 350–400 ml Buttermilch

Nach Grundrezept zubereiten und backen. Garprobe!

Leinsamenbrot

je 250 g Mehl 630 und 1050,
100 g Joghurt und 200 ml Wasser, beides warm,
1 Pck. Brotbackfix, 1 TL Salz,
2 EL Leinsamen

Nach Grundrezept zubereiten und backen.

TIPP Wer das Brot süßer mag, fügt noch je 50 g Zucker, Rosinen und/ oder fein gemahlene Mandeln zu.

Umzugs- oder Hochzeitsbrot

200 ml Buttermilch,
100 ml Wasser,
je 115 g Roggenvollkornmehl und Roggenschrot,
150 g Mehl 550, 2 TL Salz,
1 EL Weizenkleber, 1 TL Zucker,
15 g Sauerteig-Extrakt,
1 Pck. Trockenhefe, 2 EL Essig

Zutaten der Reihe nach in den BBA füllen. Programm Basis, Grund oder normal. Nach dem ersten Gehen nachschauen und evtl. etwas mehr Wasser oder Mehl zugeben. Der Teig muss weich, aber formbar sein.

Nach dem letzten Gehen eine kleine feuerfeste Form in die Mitte drücken, die man nach dem Backen mit Salz füllt.

TIPP Das Brot ist in einem hübschen Brotkörbchen verpackt ein symbolträchtiges Geschenk für eine Hochzeit oder den Umzug in eine neue Wohnung. Backt man das Brot im Backofen (180 °C etwa 45 bis 60 Minuten), kann man auch einen kleinen Blumentopf einbacken. Natürlich kann man die Salzform auch in jedes andere Brot einbacken.

Kichererbsenbrot

*125–150 ml Buttermilch,
150 g Mehl 405,
75 g Kichererbsenmehl,
25 g gepopptes Quinoa
oder Sesamkerne,
½ Pck. Trockenhefe,
1 TL Sauerteig-Extrakt,
je 1 TL Zucker und Salz,
je 1 TL Cumin, Curry und
Kurkuma, gemahlen*

Nach Grundrezept zubereiten. In einer Form bei 160 °C 25 bis 30 Minuten, ohne Form noch 10 bis 15 Minuten backen. Garprobe. Ein würziges Brot zu saucenreichen Gerichten oder mit Frischkäse.

Gar nicht altbacken …

Brotsuppe

2 EL Olivenöl, 2 Scheiben Brot, altbacken, klein geschnitten, 1 Zwiebel, 1 Bund Suppengrün, 1 Bund Schnittlauch, alles feingehackt, 1 l Brühe, Pfeffer, Salz, 3 EL süße Sahne

Brot mit Suppengrün und Zwiebel im Öl anbraten. Mit Brühe aufgießen, bei schwacher Hitze etwa 10 Minuten köcheln lassen. Würzen, Sahne unterziehen, nicht mehr kochen lassen. Mit Schnittlauch bestreut servieren.

Crostini

1 cm dicke Scheiben von altbackenen Brötchen oder Baguette 5 bis 7 Minuten bei 200 °C rösten. Mit der Schnittfläche einer halbierten Knoblauchzehe einreiben. Kleingeschnittene Kirschtomaten und Basilikumblätter mit Olivenöl, Pfeffer und Salz mischen und auf dem Brot verteilen oder mit Mozzarella und Tomatenscheiben belegen und würzen. Vorspeise oder Beilage zu frischen Salaten.

Croûtons – Brotwürfel für Suppen und Salate

Altbackenes Brot oder Brötchen gewürfelt auf dem Backblech verteilen, mit etwas Salz bestreut bei 180 °C 10 Minuten backen. Abgekühlt luftdicht verpacken (Schraubgläser, Gefrierbeutel etc.).

Paniermehl

Altbackenes Brot oder Brötchen bei 180 °C im Backofen 10 Minuten backen. Mit Blitzhacker oder Schlagscheibe fein mahlen. Luftdicht verpackt aufbewahren.

Französischer Toast

Pro Person:
1 Scheibe altbackenes Weißbrot oder Hefezopf, 100 ml Milch, 1 Ei, Butter, Zucker, Zimt, Kompott oder Apfelmus

Milch mit Ei verquirlen, Brotscheibe darin ziehen lassen. In Butter von beiden Seiten goldbraun braten. Mit Zucker und Zimt bestreut zu Kompott oder Apfelmus servieren.

Semmelknödel

6 altbackene Brötchen oder gleiche Menge Weißbrot, gewürfelt, 250 ml lauwarme Milch, 2 EL Petersilie, 1 Zwiebel, 3–5 Eier, 1 TL Salz

Brotwürfel mit Milch begießen, mit fein gehackter Petersilie und Zwiebel gut mischen. Soviel Eier zugeben, dass der Teig feucht, aber nicht weich wird. 20 Minuten ziehen lassen. Knödel formen und 20 Minuten in Salzwasser ziehen lassen. Schmeckt zu allen Gerichten mit viel Sauce.

Brotsalat

300 g Weißbrot, gewürfelt, 7 EL Olivenöl, 4 Fleischtomaten, 2 Kugeln Mozzarella, alles gewürfelt, je 1 Bund Basilikum und Frühlingszwiebeln, beides fein gehackt

SAUCE: 2 EL Balsamico-Essig, Pfeffer, Salz, 1 Prise Parmesan

Brotwürfel mit 3 EL Öl mischen, bei 180 °C im Backofen etwa 8 Minuten knusprig backen. Restliche Zutaten mischen. Öl und Saucenzutaten verrühren, über den Salat gießen. Abgekühlte Brotwürfel zügig untermischen. Sofort servieren.

Rezeptverzeichnis

VEGANE
PASTA
Gewürze
Sanddorn
Herbe Beeren

er literarischen Themen sowie Reise,